AF236198

KHALED SHOMALI

Worte
die nicht schlafen

Gedichte

2021

Verlag: BoD – Books on Demand

Bibliografische Information der Deutschen
Nationalbibliothek:
Die Deutsche Nationalbibliothek verzeichnet diese
Publikation in der Deutschen Nationalbibliografie;
detaillierte bibliografische Daten sind im Internet über
http://dnb.dnb.de abrufbar.

© 2021 SHOMALI, KHALED
Herstellung und Verlag: BoD – Books on Demand,
Norderstedt

Gedichte auf Arabisch von Khaled Shomali
Übersetzung aus dem Arabischen von Khaled Shomali
Lektorat: Marianne Merbeck-Khouri, Osama Khouri,
Khaled Shomali

Titelbild: Hafiz Kassis

Umschlaggestaltung: Dalia Al-Shomali

ISBN: 9783754303252

Dieser Gedichtband ist meiner Schwester Rose gewidmet.

Khaled Shomali

Brühl, den 01.06.2021

Worte die nicht schlafen

Bei deinem Herzschlag

Erhebe ich mich über die Wolken

Und der Traum lockt mich in weite Ferne

Als wäre ich ein Prosagedicht

Zu Beginn seiner Entstehung

Und als schlüge dein Herz

In seinem Rhythmus

Ich werde geformt

Aus der Fülle deiner Hände

Um heller zu strahlen als die Sonne

Wenn sie das Meer der Fantasie küsst

Und meine Tränen Orangen gleich

Über deine Wangen rollen

Du bist die Vollendung des Horizonts

Und die Antwort auf die Frage

Mit deinem Herzschlag

Steigt das Gedicht in mir auf

Und du nimmst mich mit in weite Ferne

Als wäre ich ein Mythos

Den du heute niederschreibst

Nach der Zivilisation

Nach den Religionen und Propheten

Als läge das Ende vor dem Anfang

Als gäbe es für das Warten

Keine Verabredung

Und als wären die Worte

Die wir nicht ausgesprochen haben

Das Jubilieren der Wolken

Bevor sie ihre Schleusen öffnen

Mit verträumten Augen

Steigt das Gedicht in mir auf

Der Schlag deines Herzens

Wogt heftiger mit den Wellen

Und die Sonne

Orange Frucht der Liebe versinkt

Das Meer überflutet sie mit Lebenslust

Das Gedicht steigt auf hin zu seinem Ende

Und die Berge zeugen von seiner Angst

Der Traum erbebt

Die Wolken locken uns in weite Ferne

Als wären wir

Zu einer letzten Begegnung verabredet

Und nach dieser Begegnung

Gibt es keine Begegnung mehr

Als wären wir

Überreste von Sternen und Feuer

Wir beide erlöschen

Wir beide sind in Gefahr uns selbst zu töten

Als wären wir

Zwei Sterne ohne Verabredung

Als wären wir

Prosadichtungen und ein milchiger Lichtstrahl

Und doch gibt es jenseits dieser Reinheit

Keine Reinheit mehr

Als wären wir beide andere

Die Entfaltung des Samens zum Baum

Wir beide sind wir beide

Und jenseits dieses Kosmos

Ist kein Kosmos mehr

Wir beide sind die Antwort

Auf die gleiche Frage

Wir beide sind eine Frage

Und die Antworten des Universums

Umschweben uns

Manche sind logisch

Aber im Gedicht und in der Liebe

Füllt die Logik den Becher

Weder mit Sinn noch mit Träumen

Ich höre

Wie der Schlag deines Herzens lauter wird

Und so steigt das Gedicht in mir auf

Die Wolken tragen uns hin zum Traum

Sie tragen uns in freudvolle Ferne

Weil die Minuten das Leben

Mit Ewigkeit füllen

Wenn die Seele sich

Im Purpur des Körpers auflöst

Nach dieser Begegnung gibt es keine mehr

Bei deinem Herzschlag erwache ich

Und das Gedicht steigt in mir auf

Es erhebt sich zu seinem Ende

Die Berge sind Zeugen

Und über diese Pracht hinaus

Gibt es keine Pracht mehr

Das Gedicht steigt auf

Und erhebt sich bis zu seinem Abschluss

Dein Herzschlag ist sein Rhythmus

Das Gedicht fliegt fort in weite Ferne

Als wäre ich ein kleines Kind

Und schlummerte bei deinem Herzschlag ein

Bis die Sinnenfreude des Gedichtes endet

Als wäre ich

Eine in der Quelle deiner Liebe getaufte Prosa

Die Tränen deiner Augen reinigen mich

Das Gedicht steigt in uns auf

Und erhebt sich

Als wäre unser Gedicht ein Bach

Und ein Berg sein Vater

Seine Mutter eine ziellos dahinziehende Wolke

Und als flöge das Gedicht

Mit deinem Pulsschlag wie ein Vogel

Worte die nicht schlafen

So heißt unser Gedicht

Worte die nicht ausgesprochen werden

Und deren Sinntiefe nie endet

Könnten unser Gedicht sein

Und das Geschwätz

Das die Grenze des Erträglichen überschreitet

Treibt die Liebe ins Exil

Als stünden wir am Abgrund des Todes

Und stillten unsere Träume

Das letzte Wort das nicht schläft

Heißt unser Gedicht

Dein Herz schlägt lauter

So steigt das Gedicht in mir auf

Und es nimmt seine Dimensionen an

Im Osten bist ... du die Sorge

Im Westen bist du ... das Versinken

Dein Herzschlag wird schnell und schneller

Mögen das Gedicht und die Orange im Zenit

Und im Wogen in dir blühen

Das Gedicht umfasst Flut und Ebbe

Und du bist die Weite des Horizonts

Das Gedicht steigt bebend auf

Und die Berge sind Brüste

Es sehnt sich nach seiner Quelle

Eine Umarmung

Und die Erhebung der Sprache zum Gedicht

Vor dem Kirchenportal eine Tanzende

Sieben Himmel der Liebe

Sind der Nährboden für die Liebenden

Sieben Himmel des Verlangens

Sind die Visionen der Träumer

Und jenseits dieses Himmels

Ist kein Himmel mehr

Deine Schatten fließen über von Duft

Als Gedicht werde ich

Aus deinem Herzschlag geboren

Als Fluss ströme ich

Aus den Tränen deiner Augen

Und meine Seele wird

Von den blühenden Hainen deiner Wangen erfüllt

Und jenseits dieses Raumes

Ist kein Raum mehr

Das Gedicht erwacht

Dein Puls schlägt schneller

Das Gedicht erhebt sich

Es steigt und steigt auf zu hin seinem Ende

Und die Berge werfen sich nieder

Wir werden mit Worten

Durch sieben Kriege gehen

Bis sie sich mit uns versöhnen

Bis wir uns mit ihnen versöhnen

Und bis sie zu Gedichten werden

Wir werden die sieben

Schwebenden Himmel der Liebe durchschreiten

Ihre Flüsse sind ohne Ufer

Niemand ist gekommen um uns zu trösten

Niemand der zurückkehrte

Hat die angstvolle Ähre der Sehnsucht einbalsamiert

Gefangen in den Tauen der Stille

Als würden hier keine Gedichte rezitiert

Alle Dinge hier sind horchende Gedichte

Kein Echo kein Wort

Hat eine Aufgabe in der Gegenwart der Stille

Ich schlafe bei deinem Herzschlag ein

Um zu einem Liebesgedicht zu werden

Gefangen in der Stille

Werde ich sein wie ich es mir wünsche

Ich werde zu einem Gedicht der Liebe

Gefangen in den Augen des Wahnsinns

Mit geschlossenen Augen

Sehe ich was ich will

Sehe seinen Wert

Und was zu sehen sich lohnt

Ich klopfe …

Ich klopfe an die Tür deines Herzens

Damit du sie öffnest

Und trete ein in die Ewigkeit

Und in das Alphabet vor der Ekstase

Ich bin nun ich selbst und niemand sonst

Ich bin nun du und du bist mein Horizont

Als wären wir beide andere

Als wären wir beide wir beide

Als wären wir der Anfang des Lebens

Und das Ausbluten der Hymne

Dieser Kosmos ist mein Kosmos

Und jenseits dieses Kosmos

Ist kein Kosmos mehr

Auf deinen Lippen liegen ein Horizont

Und eine Erwartung

Morgentau der Worte

Ein trunkenes Echo

Eine Hoffnung auf das Leben

Auf deinen Lippen liegt feurige Röte

Und die Begierde einer Quelle

Nach einem Kuss des Wassers

Eine Revolte des Herzens gegen das Unmögliche

Mit geschlossenen Augen

Sehe ich was ich will

Sehe seinen Wert

Und was zu sehen sich lohnt

Ich sehe eine Idee in ihrem Sarg verblassen

Die Revolution der Brust auf ihrem Thron

Und ich sehe eine freie Frau

Die die Fessel um meinen Hals zerreißt

Der Schleier schwindet aus meinem Horizont

Und wir fliegen ...

Und die Wolken tragen uns hin zum Traum

Sie tragen uns in freudvolle Ferne

Wir werden sieben Wüsten durchqueren

Um das Gedicht zu erreichen

Um den Tod zu durchdringen

Sand wird die Augen bedecken

Und die Fantasie bleibt der Kompass

Die Metapher sprießt

Aus der Schulter des Windes

Die Antworten werden sich fürchten

Und sich in einem Trugbild verbergen

Während die Fragen ewig

Auf die Antworten warten

Wir werden sieben Wüsten durchqueren

Um uns zu treffen

Ich klopfe ...

Ich klopfe an dein Herz damit du es öffnest

Ich besiege diesen Staub

Und steige zum Himmel auf

Ich sehe was ich will

Und was meine Aufmerksamkeit verdient

Ich sehe es vor mir

Und es erfüllt mich mit Freude

So vermehrt sich die Freude meiner Worte

Ich sehe dich

Ich sehe dich mit meinem Herzen

Auf einem blutenden Berg

Und die Wolken spielen mit deinem Haar

Die Poesie erhebt sich

Mit dem Schlag deines Herzens

So steigt das Gedicht in mir auf

Und nimmt seinen Raum ein

Du bist im Osten die Zerbrechlichkeit der Erdnüsse

Du bist im Westen die Härte der Haselnüsse

Und das Wort das das Gedicht begehrt

Bleibt als Schatten der Pinien

Hier entspannt sich eine anmutige Katze

Es wird nicht ausgesprochen

Ein Leser könnte sich eines Tages

An einem seiner verlorenen Briefe begeistern

Wir werden gemeinsam

Den Weg zu Ende gehen

Um zusammen zu leben

Um zusammen zu sterben

Als wären wir beide andere

Als wären andere wir

Als wären wir beide wir selbst

Und alles was sein wird

Wir werden ein Gedicht der Liebe sein

Das in unseren Augen bleibt

Als wären wir ein Gedicht vor seiner Vollendung

Mit dem Rhythmus deines Herzens als Takt

Wir erheben uns mit den Wolken

Der Traum trägt uns in weite Ferne

Ich sehe dich

Ich sehe dich auf einer fliehenden Wolke

Dein geflochtenes Haar ist nass und kalt

Ich sehe dich ich sehe dich

Auf dem Gipfel des hohen Berges

Das Funkeln deiner Augen ist wie ein Blitz

Ich sehe dich ich sehe dich

Mit meinem kleinen Herzen

Als wärest du ein Wald voll Poesie

Und ein großes Meer

Ich sehe dich ich sehe dich

Auf einem schläfrigen Stern

Und das Anschauen des darauf ruhenden Sterns

Offenbart Wunder

Ich sehe dich

Ich sehe dich in einem Glas Wein

Es inspiriert mich das Köstliche zu schlürfen

Ich sehe dich ich sehe dich

Auf einer stürmischen Welle

Und du bist Hochmut

Ich sehe die ängstliche Welle

Ich sehe dich ich sehe dich hier und dort

Als wäre ich hier und als wäre ich dort

Das Gedicht steigt auf

Und nimmt seine Dimensionen an

Im Osten bist du die Wahrheit

Im Westen bist du die Sehnsucht

Von seinem Fluss rühren die Quelle

Und die Tränen

Von seinem Meer rühren die Wellen

Und die Gipfel

Das Gedicht steigt auf und gewinnt an Anziehung

Ich sehe dich ich sehe dich

Mit deinem heimtückischen Charme

Ich sehe dich ich sehe dich

In all deinen bezaubernden Gärten

Ich klopfe ...

Ich klopfe an die Tür deines Herzens

Damit du sie öffnest

Damit ich in die Ewigkeit

Und ins Jenseits eintrete

Ich bin nun du und du bist ich

Wir werden geformt in Poesie und Meer

Und wir werden zu Legenden der Liebe

Wir werden uns erfreuen

An dem was uns das Leben geschenkt hat

Wir werden uns mit den Wolken erheben

Der Traum trägt uns in die weite Ferne

Die Minuten entfliehen uns

Sie sind die Hälfte des Lebens

Unsere Arme sind Brücken zum Alphabet

Keine Sprache ist schwierig

Wenn der Körper verglüht

Ich sehe dich ich sehe dich und ich weiß

Dass ich dich nur wenige Minuten sehe

Und sie sind die Hälfte des Lebens

Das Gedicht steigt auf

Und nimmt seine Dimensionen an

Von dir stammt der Duft seiner Minze

Von dir kommen sein Einfallsreichtum

Und die Ewigkeit

Ich sehe dich

Und alle Sprachen beschreiben

Die Magie des Lebens

Für wenige Minuten erheben wir uns

Über den Tod und über die Tyrannen

In unseren Händen liegen unsere Liebe

Und unsere Wünsche

Nichts anderes benötigen wir zum Leben

Ich sehe dich hier ich sehe dich dort

Wir fliegen einige Minuten

Keine Sprache ist schwierig

Im Gedicht des Körpers

Ich sehe dich ich sehe dich

Ich sehe die Propheten

Ich sehe Maria Magdalena

In der Nähe von Christus

Ich sehe seine Mutter und sehe dich dort

Ich sehe dich am sonnigen Ufer

Und der funkelnde Sand

Schmiegt sich samtig an die Haut

Wir werden sieben Hügel aus Wasser Überwinden

Das Wasser ist voller Gesunkener

Das zerschmetterte Schiff Noahs

Wir werden sieben Hügel aus Wasser überwinden

Bis wir die Luft spüren

Und nach dieser Luft gibt es keine Luft mehr

Ich sehe dich ich sehe dich

Zuweilen gehe ich mit dem Wind

Manchmal fliege ich

Wir haben eine flüchtige und kurze Zeit

Wir haben ein gegenwärtiges Schicksal

Und eine Bestimmung

Ich befreie mich aus der Gefangenschaft

Ich überquere sieben weitere Gedichte

Um dich auf einer blutenden Kiefer zu treffen

Die Nachtigall meines Herzens singt

Um einem bebenden Hügel

Die Angst zu nehmen

Ich sehe dich

Und manche der Wolken in deinen Händen

Sind mein

Ich sehe dich

Mit weinendem Herzen am Ufer des Flusses

Und die von deinem Duft erfüllten Nebel

Sind meine Kleider

Ich sehe dich

Und das Gedicht in mir eilt zu dir

Es wird zu einer Brücke

Über die ich zu dir

Und zu mir gehe

Ich sehe dich hier ich sehe dich dort

Ich sehe dich in allem

Ich sehe dich mit meinem Herzen

Mit meiner Liebe

Und in meiner Nähe sehe ich dich

Du gießt die Poesie des Lebens in meinen Becher

Ich sehe dich als meine Sonne

Die meinen Weg beleuchtet

Du streust Rosen

Und Nektar auf beide Seiten des Weges

Ich sehe dich in mir selbst

In meiner Stimme und in meinem Flüstern

Auf dem Körper der Nacht schläft das Gedicht

Wie ein Pferd im Stehen ein

Die Melodie der Nacht entschlüpfte einer Saite

Veilchen füllen den Vorort

Das Gedicht träumt wie ich

Und im Traum bin ich auferstanden

Und ich entfessele darin die Kraft

Um die Schläge meines Herzens zu beschleunigen

Ich erwecke Gedichte aus dir

Und aus meinem Körper

Aus den Legenden meines Landes

Aus der Entschlüsselung unserer Träume

Fülle ich das Universum mit Liebe

Ich überflute es mit Freude

Und mit Liedern

Sieben Minuten lang werde ich

Durch den Tunnel des Gedichtes gehen

Um dich zu sehen

Das Gedicht erhält seine Dimensionen

Du bist sein Zucker und der Tau

Sein Abschluss und sein Horizont

Du bist das Wundervollste

Das Vollkommenste

Du bist seine Ganzheit und die Hymne

Das Gedicht nimmt seine Dimensionen

Aus deinen Händen

Und aus der Freude des Wortes

Wenn das Echo nachhallt

Ich eile zu dir hin bis ich dich umarme

Und höre nicht auf damit

Bis alles still wird

Still still ...

Denn alles was gesprochen wird

Verringert die Innigkeit dieser Umarmung

Auf der Bühne der Liebe

Blüht die Poesie der Augen

Die Vögel fliegen ... nichts trennt uns

Außer zwei Äpfeln und einer Flöte

Die Minuten fliegen fort von uns

Und diese Minuten sind das ganze Leben

Unsere Hände sind Brücken zum Alphabet

Und zur Ewigkeit

Es gibt keine andere Sprache

Als unsere Träume

Wenn unser Körper vergeht.

Gefangen

Gefangen zwischen zwei Wolken bin ich

Weder besitze ich das Exil

Noch kann ich die Heimat berühren.

Nichts erinnert sich an mich

Hier erinnert sich nichts an mich

Denn ich bin ein Fremder an diesem Ort

Von über den Wolken kam ich

Als wäre mein Drache aus verstärktem Papier

Ich trug ihn und er trug mich

Und wir hatten Spaß am Himmel des Universums

Wer uns nah ist wirft es uns nicht vor

Wenn wir uns entfernen

Der Fremde bestraft uns nicht

Wenn wir uns nähern

Ich war ein unwissendes Kind

Und das Universum

Das ganze Universum ist mein

Wälder aus Gedichten füllen die Augen

Hinter den Bergen eröffnet sich ein neuer Horizont

Wohin auch immer ich schaue gibt es kein Ende

Ich bin der seltene Stern

Und alle Sterne am Himmel sind meine Gedichte

Ich schaue und die Visionen entschwinden

Ich fliege höher und der Horizont weitet sich

Blau ist mein Drache

Und dieses Universum ist mein

Hier erinnert sich nichts an mich

Denn mein Schatten ist schwach

Ich habe nicht die Laterne gestohlen

Die den Blinden

Vor den entgegenlaufenden Passanten schützt

Ich habe das Gedicht nicht einer Unschuldigen

An den Kopf geworfen

Ich besaß von diesem ganzen Universum

Nichts was nicht mein ist

Nichts erinnert sich an mich um mich aufzuwecken

Wie ich vergesse

Werden die Sterne mich vergessen

Sorgen und Kummer haben keinen Platz

In meinem Gepäck

Noch sind sie mein Schicksal

Ich werde mich

Über dieses Universum erheben

Bis es verblasst

Wie ein Ausrufezeichen am Ende des Gedichtes

Ich werde es ignorieren

Ich werde es verlassen und gehen

Ich weiß nicht ob ich hinschauen werde

Wenn ich alles verlasse

Was für mich eine Illusion war

Hier erinnert sich nichts an mich

Denn ich bin von Anfang an ein Fremder

Ein Fremder bis zum Ende

Ich war ein gelegentlicher Gast

Die Bäume haben mir

Keinen Schatten hinterlassen

Damit ich meinen Traum darauf male

Und damit ich

Mit dem Sonnenuntergang wachse

Keine Meerjungfrau hielt meine Hand

Damit das Meer meine Heimat werde

Weit weg vom Gott des Feuers

Ich habe keine Kriege begonnen

Um euch an eure Toten zu erinnern

Ich werde euch vergessen

Und ich werde vergessen

Dass dieses Universum eines Tages mein war

Nichts ist mein in diesem trostlosen Land

Die Hügel umarme ich nicht

Damit sie mich umarmen

Die Flüsse erkennen sich selbst nicht

Bis ich sie daran erinnere

Dass ihre Ufer mein Körper sind

Meine Hand ihr Anfang und ihre Quelle

Und ihre Mündung mein Herz

Ich bin unter den Menschen ein Vergessener

Derjenige der den Beginn des Alphabets

In der Sprache der Qual vergaß

Ich bin die Abwesenheit

Und das Trugbild

Ich bin der Nebel

Und was er an Blüten verbirgt

Mein Drache ist aus verstärktem Papier

Wie mein Herz stark und sanft zugleich

Ich bin hart zu mir

Damit ich mit euch sanft bleibe

Und euch vergesse

Und alle vergesse die das Echo erstachen

Und mich kränkten

Nichts ist über den Wolken

Außer meinen Gedichten

Als wären sie Vögel die in die Höhe fliegen

Um der Bedeutung des Sternzeichens

Zuvorzukommen

Hier weit weg von den Graten der Sprache

Fliege ich

Mein Drache ist aus verstärktem Papier

Ähnelt meinem starken sanften Herzen

Ich bin unter den Menschen ein Vergessener

Ein seine Qualen Vergessender

Ich fliege und alles was ich habe ist mein Kosmos

Meine Reise in die Unendlichkeit

Und der Horizont endet nicht

Ich erhebe mich

Und die Luft über mir wird dünner

Ich bin unter den Menschen ein Vergessener

Und derjenige

Der die Worte des Windes zu den Rosen vergisst

Weder bereitet mir die Erinnerung Schlaflosigkeit

Noch bringt sie mich zu meinem Schmerz zurück

Ich fliege mit mir

Und will dem was ich sehe zuvorkommen

Ich sehne mich weiter als ich sehen kann

Ich erhebe mich und die Luft wird dünner

Ich erhebe mich und das ganze Universum

Ist mein wie ein Traum

Nichts erinnert sich an mich damit ich es erwähne

Nichts belastet den Geist meines Drachens

Und kleidet mich in Sehnsucht

Kein Raum ist hier außer meinem Horizont

Und der Duft der Luft

Ich fliege höher

Um mich die Gedichte wie farbige Luftballons

Die Luft ist leichter als Straußenfedern

Und die Poesie in meiner Hand wie ein Blumenstrauß

Der mit mir tanzt

Ich fliege mit mir zu mir

Das ganze Universum ist vergessen

Und das Etwas und das Nichts sind mein.

INHALT

Über den Autor

Lyriker, Songtexter, Übersetzer und Herausgeber

Khaled Shomali, geboren 1958 bei Bethlehem in Palästina. Er studierte Bauingenieurwesen an der RWTH Aachen und lebt seit 2000 in Brühl.

Publikationen auf Deutsch:

Der Vers, in dem ich wohne
Die Wolken fliegen nach Jerusalem
Zwischen Jordan und Rhein
Die Katze und der Maler – Kindergeschichte – zweisprachig
deutsch-arabisch
Schmetterlinge der Poesie – zweisprachig deutsch-arabisch
Worte die nicht schlafen

Publikationen auf Arabisch:
Für wen pflanzt du die Rosen; Gefangen im Rauch der Worte;
Der Nektar der Worte; Eng ist dein Exil; Ich will keine Exilgedichte;
Schaukel der Freude - Gedichte für Kinder; Fluss und Ufer

Mehr über den Autor unter: http://www.khaledshomali.org

Worte die nicht schlafen

Autor: Khaled Shomali

ISBN: 9783754303252